SUR LE MESSAGE

DU

DIRECTOIRE EXÉCUTIF

ET LE

RAPPORT DE RIOU,

Concernant les Prises maritimes et la protection due à la Navigation des neutres et au Commerce national.

Par SAINT-AUBIN, Professeur de Législation.

Depuis le dernier message du directoire qui invite le conseil à réviser ou plutôt à compléter les lois sur les prises maritimes, et sur-tout depuis le rapport de Riou sur cet objet, plusieurs armateurs des corsaires et leurs actionnaires jettent les hauts cris. A les entendre, on va rendre nul le réglement de 1778, et rapporter la loi du 29 nivôse, on va protéger le commerce anglais sous pavillon neutre, et inonder la France de marchandises anglaises; et tout cela parce qu'il s'agit d'empêcher qu'à l'aide de lois peu précises ou mal interprétées, les corsaires qui méritent bien de la patrie, en enlevant la pro-

A

priété de nos ennemis, n'en déméritent d'un autre
côté par le plus criant des abus, en enlevant les
proprietés vraiment neutres, et en arrêtant jus-
qu'aux propriétés françaises (1).

Comme il serait difficile d'attaquer, par de
bonnes raisons, soit le message du directoire, soit
le rapport de Riou qui en est la suite, on atta-
que par des injures ceux qui partagent l'opinion
du gouvernement et de la commission, sur la né-
cessité de garantir les propriétés neutres, celles des
négocians français, et les approvisionnemens des-
tinés pour la marine de la république. Voici comme
s'explique à cet égard un des pamphlets *les plus
modérés* en apparence qui aient paru sur cette matière : « Si ce n'est pas cet esprit funeste d'innova-
» tion qui ne peut voir le bien dans aucune des
» institutions anciennes, ni le génie ou la sagesse
» dans tout ce qui ne prend pas naissance de nos
» jours, ne pourrait-on pas soupçonner les détrac-
» teurs de la course, d'obéir, soit à un instinct
» secret qui les associe aux succès des ennemis
» de la république, soit à des liaisons plus direc-
» tes et plus intimes avec un gouvernement qui
» ne soutient sa lutte contre nous, qu'en multi-
» pliant parmi nous *la corruption et les traîtres?*
» Combien de gens remplissent les journaux d'ar-

---

(1) Je ne crois pas à la vérité qu'on ait jamais confisqué
de propriété française évidemment constatée et chargée
dans un port français ; mais il en est beaucoup qui, ayant
été arrêtées, ont donné lieu à de longs procès. Or, pour
détruire toute confiance, pour empêcher tout négociant
français de se livrer à une expédition maritime, il n'est
pas nécessaire que l'on confisque sa propriété ; il suffit
qu'on puisse l'arrêter, traduire le propriétaire devant les
tribunaux, et lui occasionner un retard qui lui fasse man-
quer le but ou perdre le fruit de son opération.

(5)

» ticles piquans, ingénieux, et ne se doutent pas
» qu'on sait le mot de l'énigme ».

Au lieu de répondre dans le même style, qui
est absolument celui dont on se servit dans le tems
pour faire taire les prétendus fédéralistes et hom-
mes d'état qui ne voulaient pas du *maximum*, je
tâcherai de parler raison à ceux qui sont disposés
à l'écouter, mais qui pourraient être séduits par
des sophismes d'autant plus dangereux, qu'ils paraissent avec le vernis du patriotisme et de la haine
contre le gouvernement britannique qui est réellement notre plus cruel ennemi.

Observons d'abord, que c'est le directoire exécutif qui, le premier, a porté un coup funeste au
commerce frauduleux des Anglais, fait sous pavillon neutre, en rappellant et faisant strictement exé-
cuter le réglement de 1778, presque tombé en dé-
suétude, en publiant son arrêté du 12 ventôse, et
en provoquant la loi du 29 nivôse, mesures auxquel-
les nos corsaires doivent presque toutes les
prises qu'ils ont faites et qu'ils font encore.

Or, c'est encore le directoire lui-même, qui, ins-
truit par l'expérience, demande par un message la révision et le complément des lois sur les prises. « Le di-
» rectoire, dit ce message, croit devoir vous trans-
» mettre un rapport qui vient de lui être fait par le mi-
» nistre des relations extérieures, et qui a pour objet
» d'établir que les lois existantes sur le mode de ju-
» gement (1) des prises ne sont d'accord ni avec les

____

(1) Le gouvernement, dans ce message, demande aussi
l'attribution des jugemens des prises ; la commission n'est
pas de cet avis en thèse générale, et ne lui accorde le
droit d'intervenir que pour les cas d'exception compris
dans les lois existantes. Je ne prononcerai pas entre les
raisons qui ont été données de part et d'autres ; mais dans
tout état de choses, on ne peut prononcer que d'après les

principes d'une bonne législation, ni avec les intérêts de la république. Frappé de l'évidence des raisonnemens sur lesquels cette double démonstration est appuyée, le directoire vous invite à la prendre en sérieuse considération, et à réviser *dans son enseinble et dans ses détails*, cette partie importante de notre législation.

Voici maintenant comme s'exprime à ce sujet le rapport du ministre des relations extérieures, transmis par le message en question : « Le directoire est
» sans moyens pour prévenir ou réparer les torts
» réels qui auraient pu être commis envers les bâti-
» mens et les propriétés d'une nation neutre, sans
» force pour garantir les propriétés françaises, celles
» même qui forment les approvisionnemens de la
» marine, de leur capture par des corsaires français,
» de leur condamnation par les tribunaux ».

Certes, lorsque le gouvernement qui est le plus intéressé à détruire le commerce anglais, le gouvernement qui est le mieux à même de connaître les moyens de lui nuire, et qui en a donné des preuves si incontestables, le gouvernement qui seul peut connaître les inconvéniens attachés à l'exécution des lois rendues dans cette intention, s'exprime ainsi, il faut être bien *aveuglément* (1) prévenu en faveur des corsaires, pour soupçonner de mauvaise foi, ou pour taxer d'ignorance ceux qui, avec lui, croient cette révision nécessaire.

---

lois, et comme, d'après le message du directoire et le travail de la commission, il est évident qu'il y a dans notre législation maritime des lacunes de la plus haute importance, il faut bien adopter les projets qui les remplissent.

(1) Je dis *aveuglément* ; car je ferai voir plus bas que l'intérêt réel et bien entendu des corsaires exige lui-même cette révision indispensable.

(5)

Examinons maintenant les trois projets de résolution, présentés par Riou, et voyons s'il y a un seul
article qui tende même indirectement à favoriser le
commerce frauduleux des Anglais, fait sous pavillon
neutre ; si toutes ces dispositions au contraire ne sont
pas impérieusement prescrites par le bon sens, la
justice et l'intérêt de la république.

En effet, que dit le premier projet ? « Que les
» navires neutres qui prouveront être dans les cas
» prévus par les articles XVI du règlement de 1744
» et XII du règlement de 1778 (c'est-à-dire, qui
sortiront d'un port français, qui n'auront à bord
d'autres denrées et marchandises que celles qu'ils
y auront chargées, et qui auront été munis d'un
passeport du gouvernement), et qui néanmoins
» auraient été, ou seront arrêtés par les corsaires
» français ou par les vaisseaux de la république,
» seront relaxés de suite par les administrateurs de
» la marine, s'ils ont été arrêtés par les vaisseaux de
» la république, et par les préposés des douanes,
» s'ils ont été arrêtés par les corsaires ».

Personne osera-t-il soutenir que de tels navires
puissent devenir la proie des corsaires, et que ceux-
ci ne soient pas tenus de respecter le passeport du
gouvernement ? Autant vaudrait-il soutenir qu'un
roulier, partant de Paris pour Marseille, peut être
arrêté sur la grande route par la maréchaussée, parce
que celle-ci a le droit d'arrêter les émigrés et prêtres
réfractaires.

Le rapporteur, d'ailleurs, n'a fait ici que sanction-
ner, par une loi générale, l'arrêté (1) du directoire
exécutif, du 25 prairial dernier, relatif aux navires

---

(1) Et qu'on ne dise pas ici que le directoire a empiété
sur le pouvoir judiciaire. Il ne s'agit dans ce cas que de
vérifier un fait notoire, de savoir s'il a été délivré un

neutres chargés de marchandises anglaises , prove-
nant de nos prises, qui porte que , si de tels navires
étaient arrêtés et ramenés dans nos ports , ils soient
relaxés de suite par les administrateurs de la marine,
ou par les préposés des douanes. Admettre une dis-
position contraire , ne serait-ce pas admettre en
même tems l'atrocité révoltante que le gouvernement
n'aurait accordé aux neutres la permission d'acheter
nos marchandises , que dans l'intention de les en
faire dépouiller par nos corsaires ?

Le second projet porte en substance que « Les pro-
» priétés françaises , chargées dans des ports français
» à bord de navires neutres reconnus tels à l'époque
» du chargement, d'après toutes les formes pres-
» crites par nos lois, ne pourront , dans aucun cas ,
» être confisquées au profit de nos corsaires. »

Je demande s'il y a une propriété dans la république , qui soit garantie plus specialement par la
charte constitutionnelle, que celle qui , par le passeport, vient de recevoir en quelque sorte , un nou-
veau gage de la protection immédiate du gouvernement ? Si une telle propriété n'était pas sacrée pour
tous les français, où serait donc le fruit du pacte qui
les unit ? Est-il possible qu'un corsaire ait , pendant
un moment , pu croire de bonne foi , que jamais un

passeport du gouvernement au navire arrêté , et très-cer-
tainement cette vérification est un acte administratif , un
véritable acte de police qui ne saurait faire la matière
d'un procès. Car si la commission reconnaît , qu'en these
générale , toutes les contestations doivent être portées devant les tribunaux , elle établit néanmoins que , lorsqu'il
s'agit des navires neutres à qui il a été délivré des passe-
ports du gouvernement , et qui , aux termes de la loi ,
n'ont même pu être arrêtés sous quelque prétexte que ce
soit, c'est alors évidemment le cas d'exception où l'autorité
du gouvernement doit intervenir pour faire cesser la violation de la loi.

tel chargement pût devenir sa propriété ? Non , cela n'est pas croyable.

Qu'ils arrêtent les propriétés françaises chargées dans des navires ennemis ; fort bien. Les français qui , pendant la guerre , associent leur commerce au commerce des ennemis , qui chargent leurs navires , qui facilitent leur navigation , sont des traîtres qui non-seulement doivent perdre leur propriété , mais qui devraient être bannis de la terre libre.

Mais les français qui font leurs chargemens dans les ports de la république , sous les yeux de leurs concitoyens , sous la protection du gouvernement , n'ont rien fait pour perdre la garantie commune acquise à la propriété ; elle leur est due comme aux propriétaires d'une maison ou d'une ferme ; elle est inviolable pour tous les républicoles , et ce serait un attentat contre la sûreté publique , que de permettre qu'elle fût compromise.

Au reste , il doit suffire , et il suffit aux chargeurs français que le navire fût dans un port français au moment du chargement , qu'il eût été reconnu neutre par les préposés , dans les formes indiquées par la loi , pour que sa propriété ne puisse être impunément envahie par aucun de ses concitoyens.

Donc si , dans l'intervalle du voyage , la guerre vient à avoir lieu entre la république et l'état à qui appartient le navire à bord duquel a été placée la propriété française , c'est un événement étranger à la volonté et au fait du chargeur français, dont on ne peut le punir.

C'est donc avec grande raison que le rapporteur a dit que , dans aucun cas , de tels chargemens ne pouvaient être confisqués au profit des corsaires.

Passons maintenant au troisième projet.

Il porte que les chargemens faits pour compte du gouvernement , seront relaxés sur sa réclamation motivée.

A coup sûr , on n'imaginera pas que les achats que le gouvernement fait faire , ou peut faire faire dans l'étranger pour les approvisionnemens de la marine , ou pour tout autre emploi, puissent être saisis et confisqués au profit de nos corsaires.

Autant vaudrait-il admettre que le gouvernement leur accorde des lettres de marque , pour les faire courir sur les vaisseaux qui portent ses propres approvisionnemens , afin de leur donner le moyen de gêner et d'entraver ses opérations.

C'est cependant ce qui arrive journellement, et ce qui est arrivé au Censeur en fournit un exemple aussi récent que sensible. Ce bâtiment suédois , parti de Copenhague avec un chargement de mâtures pour la marine de la république , ayant été arrêté par un corsaire français , et conduit à Nantes , le navire et sa cargaison ont été déclarés de bonne prise , malgré l'intervention du gouvernement qui la réclamait comme une propriété nationale.

Comment ne pas reviser ou plutôt compléter les lois qui autorisent indirectement un pareil jugement , à moins de supposer que les corsaires soient légataires nés de toutes les propriétés nationales et particulières des français ?

La réclamation *motivée* du gouvernement, en pareil cas , doit être suffisante , car on ne peut présumer qu'il puisse jamais réclamer la propriété de nos ennemis.

Tout lecteur impartial et non-prévenu, voit qu'il suffit de lire avec attention les trois projets de résolution dont il s'agit , pour se convaincre qu'ils sont dictés par la justice et par l'intérêt de l'état.

Examinons maintenant , en peu de mots, non pas les raisons qu'on allègue contre , car il n'y en a pas ; mais les hors-d'œuvres par lesquels on voudrait détourner l'attention du corps législatif de cette révision urgente , fairé passer à l'ordre du jour sur le projet, ou du moins l'ajourner aussi indéfiniment que possible.

Les corsaires , dit-on , ont rendu et rendent les services les plus éminens à la république ; les décourager , serait un véritable crime.

Et qui nie cela ? Tout homme sensé en est convaincu , et moi en particulier, je suis persuadé que la meilleure manière de nuire aux Anglais par mer , est de détruire leur commerce , et d'encourager les corsaires par tous les moyens que la raison approuve. C'est pour cela que pourvu qu'en mer ils se conforment aux dispositions essentielles prescrites par les lois , on ne les assujettit pas à des formalités minutieuses ; c'est pour cela que l'on doit, autant que possible , écarter toutes les lenteurs en procédure , toutes les chicanes ou autres obstacles qui peuvent empêcher la prompte jouissance de leurs captures.

Mais de ce que nos corsaires nous sont si éminemment utiles , s'ensuit-il qu'ils ne puissent jamais nous être nuisibles , et qu'on doive leur laisser prendre tout ce qui leur convient ? Le ministre de la marine ne vient-il pas de leur défendre tout récemment de séduire et d'enlever furtivement les marins des vaisseaux de la république ? Cependant il serait très-encourageant pour les corsaires, de leur laisser cette faculté dont ils paraissent user par fois sans permission.

Lors de la loi qui a défendu le débit des marchandises anglaises dans l'intérieur de la France , les partisans aveugles des corsaires voulaient aussi que , pour encourager les armemens en course , en exceptât les marchandises capturées par nos corsaires , qui, en effet, vendraient au pair ce qu'aujourd'hui ils sont obligés de vendre à 5o pour 100 de perte. Mais le corps législatif a sagement re-

jetté cette exception encourageante , comme ten-
dant également à encourager les manufactures de
Birmingham et Manchester qui , par des conventions
secrettes , auraient pu par fois se servir favorable-
ment de ce débouché-là.

L'arrêté du directoire exécutif du 13 thermidor
dernier ne dit-il pas expressément que des croiseurs
français ou soi-disant français ont enfreint les lois
de la république sur la course et les prises , et
que la latitude laissée à la Cayenne et aux Antilles
aux armemens en course , a donné lieu aux plus
grands abus, à la violation du respect dû au droit des
gens , ainsi qu'aux personnes et aux propriétés des
alliés et neutres ?

Les corsaires , dit-on , ont enlevé plus de 100
millions de marchandises à nos ennemis.

Quand cela serait, il n'y aurait encore aucune raison
pour leur permettre d'enlever seulement un demi mil-
lion aux neutres et à nos alliés , ni à plus forte raison à nos propres concitoyens. D'ailleurs en admet-
tant que les prises faites montent à cent millions , ce
qui est au moins douteux , encore faut-il en défalquer
la valeur immense des cargaisons qui , loin d'ap-
partenir à nos ennemis, consistaient en exportations
de notre propre crû , faites par des neutres, ou
en importations de matières premières destinées
pour notre propre compte.

Enfin , quand réellement nos corsaires auraient
pris pour 100 millions de marchandises à l'ennemi , cela pourrait-il entrer en aucune comparaison
avec le tort irréparable qui résulterait de la stagnation totale du commerce , produite par des captures
faites à tort et à travers , stagnation qui fait que, dans
le moment actuel , *tout ce qu'on nous importe
nous coûte 50 pour 100 plus cher qu'aux autres
puissances de l'Europe , tandis que nous sommes*

forcés de vendre les productions qu'on exporte à 50 pour 100 au-dessous du prix auquel nous les vendrions sans les abus dont on demamde la réforme?

En continuant ce système funeste et déprédateur, ne serait-ce pas jetter par les fenêtres des milliards, pour gripesouter quelques millions à l'aide d'une véritable piraterie ?

» Mais, dit-on, nous ne faisons aucun com-
» merce, nous n'avons point de navire, et l'on
» sait qu'on ne peut prendre qu'aux riches ; nous
» avons donc tout à gagner et rien à perdre ».

D'accord ; mais nous avons des productions du sol à exporter que la nullité du commerce, produite par les captures abusives de nos corsaires nous force de vendre à vil prix ; nous avons besoin de bois de construction et autres objets indispensables que la même circonstance nous force d'acheter à des prix exorbitans (1); je demande si les prises illégales de quelques corsaires, peuvent entrer en aucune comparaison avec ces pertes aussi énormes qu'évidentes ?

Et l'approvisionnement de nos colonies qui ne peut se faire d'une manière suivie, sans l'intervention du pavillon neutre ? Qu'arriverait-il si, dans ce moment où les Américains les ont abandonnées , et où les Anglais ont évacué Saint-Domingue, nous les

---

(1) Si, comme le dit le pamphlet cité, le prétendu non-encouragement des corsaires faisait hausser le sucre, le café, l'indigo, les épiceries, le coton, et tant d'autres objets d'une utilité générale et première, comment se fait-il que, malgré les importations si nombreuses de nos corsaires, tous ces objets soient de 30 pour 100 plus chers chez nous que par-tout ailleurs ? n'est-ce pas évidemment parce que le commerce sous pavillon neutre est absolument paralysé, et que rien ne peut remplacer les heureux effets de l'activité et du mouvement journalier du commerce ?

laissions sans approvisionnemens et sans secours ?...
Le ministre de la marine s'occupe essentiellement
de cet objet , et plusieurs expéditions maritimes
concertées pour ce but, sont en suspens, en atten-
dant la décision du conseil.

» Citez-moi , dit-on, un seul navire qui ait été
» condamné , lorsque ses expéditions se sont trou-
» véesenrègle ».

En supposant le fait exact, ne comptez-vous
pour rien le mal qui résulte *des arrestations illégales et de la détention prolongée des navires*
qui , anéantissant toute confiance , arrêtent par le
fait toutes les opérations commerciales ?

Qu'arrive-t-il depuis toutes ces arrestations incon-
sidérées ? Que les neutres , en désertant nos ports ,
vont échanger leurs productions ailleurs , en se faisant convoyer par les anglais qui, par-là , deviennent
monopoleurs du commerce , du frêt et des assu-
rances de l'Europe entière. Qu'arrivera-t-il enfin ,
si cela continue ? Que tous, se faisant convoyer , nos
corsaires n'auront plus rien à prendre. Aussi suis-je
persuadé que c'est leur rendre un véritable service ,
que de tracer la ligne de leurs droits et de leurs de-
voirs. C'est les forcer de conserver la poule aux
œufs d'or.

Il est urgent de veiller à cette conservation , de
rendre de la valeur aux productions de notre sol ,
afin que le cultivateur puisse payer ses impôts ,
et de faire baisser le prix des denrées et marchandises importées, prix qui insensiblement nous mine.
Le projet présenté par Riou produira tous ces effets
salutaires , *sans passer les limites* ; aussi les partisans des prétentions exagérées de quelques armateurs de corsaires ne l'attaquent-ils pas ouverte-
ment ; ils voudraient seulement « que l'homme d'é-
» tat le mûrit dans le silence de son cabinet » pendant que les propriétés françaises et neutres seront

(13)

vendues au profit des capteurs. Ils voudraient « qu'on
» s'en référât à la sagesse du gouvernement », tandis
que ce dernier déclare expressément que toute sa
sagesse échoue contre l'état actuel des choses. Non,
le corps législatif ne laissera pas périr d'inanition le
peu de commerce qui nous reste, et avilir au dernier degré nos productions territoriales, en faveur
de quelques armateurs de corsaires qui peuvent très-
bien faire leurs affaires, sans ruiner leurs propres
concitoyens.

Comme parfois des personnalités prises d'intérêts
privés font sur bien des esprits plus d'effet que des
raisons solides, je répondrai à celles qu'on s'est per-
mises, en copiant le passage suivant qui termine le
rapport de la commission.

» Il n'est pas nécessaire sans doute, représentans
» du peuple, que je justifie votre commission du
» reproche d'avoir consulté, dans cette affaire,
» quelques intérêts individuels. Elle a reçu une
» foule de renseignemens et de réclamations, tan-
» tôt de la part des négocians et des neutres, tantôt
» de la part des corsaires ; mais, dans ce labyrinthe
» d'affections particulières, elle a pris pour fil con-
» ducteur la loi et l'intérêt national.

» Ses motifs se trouvent consignés dans le mes-
» sage du directoire et dans les réclamations du
» commerce.

» Dans le message du directoire : *Il se plaint.*
» *en effet, d'être sans force pour protéger les*
» *neutres et les propriétés françaises, celles*
» *même qui forment les approvisionnemens de la*
» *marine.*

» Enfin, dans les réclamations du commerce :
» *En effet, une adresse des négocians de Bor-*
» *deaux au directoire indique les mesures que la*
» *commission a cru devoir proposer ; et, ce qui*

» donne un grand poids à cette adresse, c'est
» qu'elle est souscrite même par les principaux
» armateurs de corsaires de cette ville impor-
» tante. »

J'ajouterai qu'on ne peut pas imaginer un objet
d'intérêt général qui ne comprenne des intérêts privés. Dans ce cas-ci, il y en a deux d'opposés, celui
des capteurs et celui des capturés. Ceux-ci disent :
rendez - nous tout ce que nous avons chargé ;
les premiers répondent : laissez - nous garder tout
ce que nous avons pris. Que demande tout homme
impartial, tout bon citoyen ? que des lois claires
et précises donnent à chacun le sien.

SAINT-AUBIN.

Paris, le 1er. jour complémentaire de l'an 6.

9 782014 058024